Tut uns leid, es ist passiert

Tut uns leid, es ist passiert

Cartoons

Königsteiner Wirtschaftsverlag GmbH · Königstein/Ts.

Die Deutsche Bibliothek – CIP-Einheitsaufnahme

Tut uns leid, es ist passiert : Cartoons. –
Königstein/Ts. : Königsteiner Wirtschaftsverl., 1993
ISBN 3-923281-49-8

2., unveränderte Auflage 1994
Copyright © 1993 by Königsteiner Wirtschaftsverlag GmbH,
61462 Königstein/Taunus

Alle Rechte an den Texten, der Zusammenstellung, Gestaltung sowie
Reproduktion liegen beim Königsteiner Wirtschaftsverlag GmbH.
Die Rechte an den Karikaturen liegen bei den Zeichnern
oder den im Anhang genannten Agenturen.
Zeichnungen des Einbandes: Wolfgang Willnat, Ernst Hürlimann

Typographie und Herstellung: Hans-Joachim Weber
Satz und Lithos: Augustin, Fotosatz und Reprotechnik, Wiesbaden
Druck und Bindung: Offizin Andersen Nexö Leipzig GmbH

Tut uns leid, es ist passiert:

Eine Panne hat Ihnen verständlichen Ärger bereitet. Dafür entschuldigen wir uns bei Ihnen.

Wir werden noch härter daran arbeiten, Fehlerquellen zu beseitigen. Denn wir können Sprüchen wie »Irren ist menschlich«, »Nobody is perfect«, »Nur wer gar nicht arbeitet, macht auch keine Fehler« nichts abgewinnen. Dienen sie doch nur der Beschönigung von Fehlern, Pannen und Mißverständnissen sowie der Beschwichtigung der Kunden. Ansonsten wird – wie gehabt – weitergewurschtelt.

Wir denken in dieser Beziehung grundsätzlich anders. Unsere Kunden haben das Recht, eine einwandfreie Ware zu bekommen und einen erstklassigen Service dazu. »Null Fehler« heißt deshalb unsere Devise.

Was zwischen Unternehmen und Kunde alles schief laufen kann, zeigen diese 65 Cartoons aus der Feder von 34 Top-Zeichnern. Mit diesem Buch möchten wir Ihnen eine Freude machen, sozusagen als kleines ›Trostpflaster‹. Es sagt heiter und geistreich, auf was es uns vor allem ankommt: auf Ihre Zufriedenheit!

Qualität heißt, die Erwartungen ...

QUINO

... der unterschiedlichsten Kunden zu erfüllen.

PETER BUTSCHKOW

Nicht immer aber kann der Käufer
mit der erbrachten Leistung zufrieden sein.

»Ein kleiner Einbaufehler – dafür aber zwei Prozent Preisnachlaß.«

MANFRED B. LIMMROTH

Manchmal ist der Preis einfach zu hoch ...

QUINO

... oder das Produkt
verspricht mehr, als es halten kann.

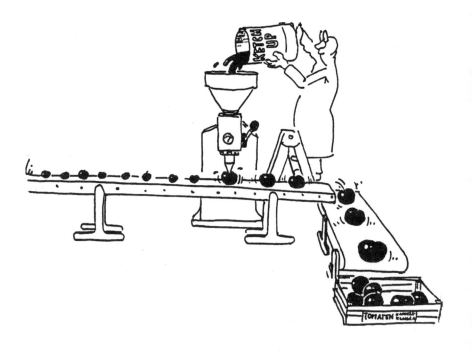

ERIK LIEBERMANN

Oft kann der Verbraucher
froh sein, wenn er früh genug merkt, ...

PAPAN

... daß die Ware ...

MICHAEL HEATH

... kleinere oder größere Fehler aufweist.

ROBERT GERNHARDT

Häufig stellt er Qualitätsmängel jedoch erst dann fest, …

LÉON VAN ROEY

... wenn es zu spät ist.

LUIS MARIAN MURSCHETZ

Denn schon bei der Herstellung ...

MOSE

... schleicht sich manchmal Unvorhergesehenes ein.

ERIK LIEBERMANN

Das erstandene Objekt
erweist sich dann als nicht belastbar, ...

LUIS MARIAN MURSCHETZ

... als beschränkt einsatzfähig ...

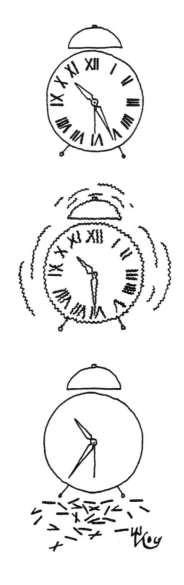

WERNER KOCH

... oder sogar als vollkommen unbrauchbar.

ALFRED BRODMANN

Manche Fehlplanungen ...

»Sie dürfen nicht vergessen: Der Architekt ist nur vier Jahre alt.«

CHAVAL

... können einen schlichtweg ...

ALFRED BRODMANN

... aus der Fassung bringen.

»Wer hat diesen Kalender in welcher Buchhandlung gekauft?«

HARALD ROLF SATTLER

Über andere hingegen ...

»...aber der Gipfel ist, daß sie diese Modelle wegen eines defekten Fadens in der sechzehnten Kette in die Werkstatt zurückrufen.«

SMILBY

... kann man sich nur wundern.

KURT GOETZ

Enttäuscht ist der Kunde meist dann, ...

»Ich sage Dir: Es ist trotzdem keine richtige Blümchentapete!«

ERIK LIEBERMANN

... wenn der Neuerwerb so gar nicht ...

PAPAN

... seinen Vorstellungen entspricht.

PAPAN

Ärgerlich darf er zu Recht sein, wenn Schlampereien, ...

EDWARD LEPPER

... unsaubere Ausführung, ...

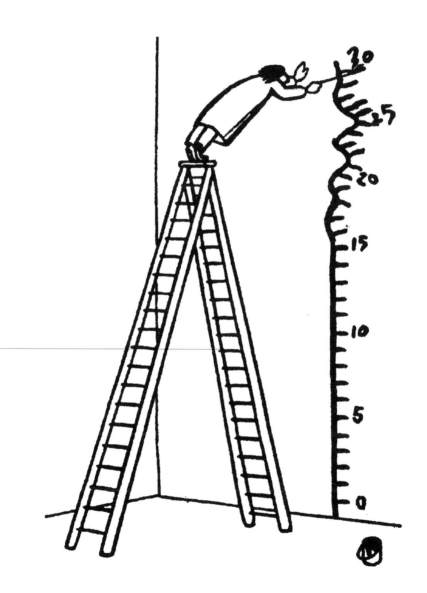

CHAVAL

... mangelnde Fachkompetenz ...

»Tut mir leid, ich spreche kein Englisch.«

WOLFGANG WILLNAT

... oder pure Ignoranz ...

ERIK LIEBERMANN

... am Werk waren.

PAPAN

Unachtsamkeiten, ...

... fehlende Konzentration ...

»Hoppla, falscher Knopf!«

VIRGIL PARTCH

... oder falsches Timing ...

JIRI SLIVA

… sind manchmal kaum wiedergutzumachen.

MANUEL SUMMERS

Es kommt vor, daß Mitarbeiter unfreundlich, ...

... desinteressiert ...

»Das ist der Kollege Riesling von der Auftragsabwehr.«

WOLFGANG WILLNAT

... oder ganz einfach überarbeitet sind.

CORK

Einige Fehler ...

MOSE

... entstehen durch vermeidbare Irrtümer, ...

KURT GOETZ

… die sich für alle Beteiligten als unangenehm erweisen.

GROSJEAN

Mißverständnisse kommen fast immer …

PAPAN

... durch ungenaue Absprachen zustande.

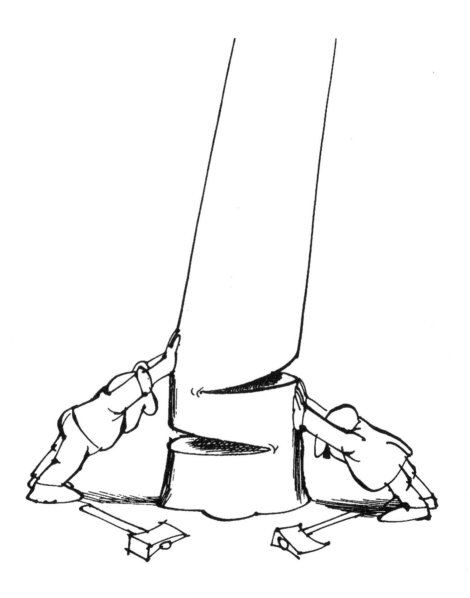

JULES STAUBER

Manchmal ist aber auch ein dummes Mißgeschick ...

MOSE

... oder ein unglücklicher Zufall im Spiel.

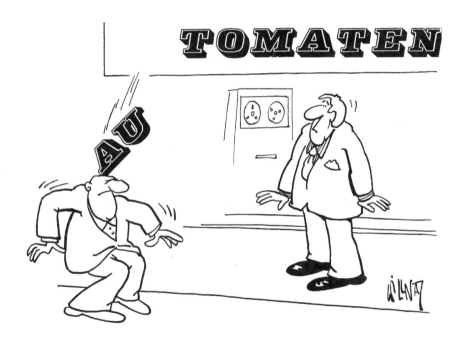

WOLFGANG WILLNAT

Dann waren genaue Planung ...

WILLEM AALDERS

... und exakte Anweisungen vergebens.

»Idiot!«

CHAVAL

Hin und wieder gibt es Tage, ...

CORK

... an denen alles schiefgeht.

RENÉ FEHR

Doch mit dem nötigen Einsatz und Weitblick ...

PAPAN

... läßt sich fast jedes Problem lösen.

MOSE

Wichtig ist vor allem, die Übersicht zu behalten, ...

RENÉ FEHR

... und nicht durch Übereifer ...

ZANDSTRA

... die Dinge noch schlimmer zu machen.

PUTZOLU

Reklamationen ...

»Zählen Sie selbst nach – es sind nur 599 Blatt!«

ALFRED TAUBENBERGER

... müssen ein offenes Ohr finden ...

REINHOLD LÖFFLER

... und dürfen nicht durch unfaire Tricks, ...

HARALD ROLF SATTLER

... langatmige Erklärungen, ...

CORK

... faule Ausreden ...

PAPAN

... oder unverständliches Fach-Chinesisch abgewimmelt werden.

ULRICH KIESER

Beanstandungen werden direkt ...

ERIK LIEBERMANN

... und zügig bearbeitet, ...

JOSEF BLAUMEISER

... auch unter Streß.

»Wir haben heute Freitag, den achtzehnten;
da haben Sie bis Montag ja noch vier volle Tage Zeit.«

ERNST HÜRLIMANN

Um erneute Reklamationen zu verhindern, …

»Ist das nicht der Kunde, der mit Konsequenzen gedroht hat…?«

JOSEPH FARRIS

... werden geeignete Maßnahmen getroffen.

JOSEPH FARRIS

Die Mitarbeiter tun alles, ...

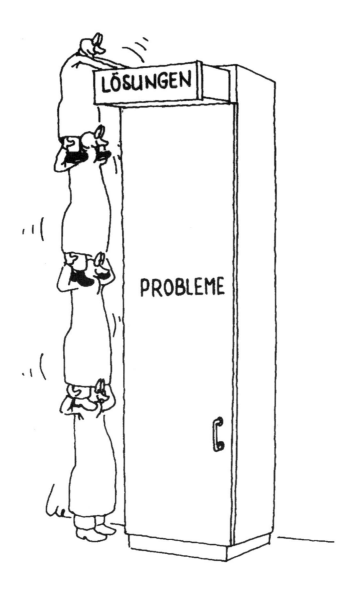

ERIK LIEBERMANN

... um die Erwartungen der Kunden zu erfüllen, ...

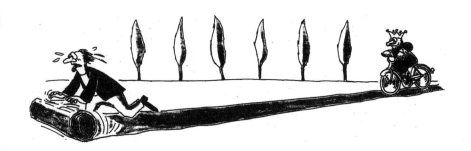

HEINZ JANKOFSKY

... denn nur zufriedene Kunden kommen zurück.

JACEK WILK

Wir danken den Zeichnern für Ihre Mitarbeit. Soweit Verlage und Agenturen Inhaber der Nachdruckrechte sind, sind wir diesen verpflichtet. In Einzelfällen war es dem Verlag nicht möglich, die Lebensdaten der Zeichner zu ermitteln. Auch gelang es trotz intensiver Recherche manchmal nicht, den Rechtsinhaber einer Zeichnung zu ermitteln. Anspruchsberechtigte wenden sich bitte an den Verlag.

WILLEM AALDERS
* 1931 in Amsterdam. Cartoonist und Publizist in Drouwenerveen. Verschiedene Zeitungen und Zeitschriften.

JOSEF BLAUMEISER
1924 - 1988. Lebte als Grafik-Designer, Zeichner und Karikaturist in München. Zahlreiche Buchveröffentlichungen.

ALFRED BRODMANN
* 1956 in Wien. Cartoonist und Designer in München und New York. National Lampoon, Psychology Today, Lui, Cover. Buchveröffentlichungen. Mitarbeit beim Cartoon-Caricature-Contor, München.

PETER BUTSCHKOW
* 1944 in Cottbus. Cartoonist in Langenhorn/Nordfriesland. Buchveröffentlichungen.

CHAVAL (Yvan Francis LeLouarn)
* 1915 in Bordeaux, † 1968 in Paris. Paris Match, Le Figaro, Le Rire, Punch. Trickfilme, Buchveröffentlichungen, Ausstellungen.

CORK (Cor Hoekstra)
* 1931 in Franeker/Niederlande. Seit 1960 freiberuflicher Cartoonist in Oranjewoud bei Heerenveen. Veröffentlicht in vielen Ländern; in Deutschland u.a. in der Süddeutschen Zeitung und in der Frankfurter Allgemeinen Zeitung.

JOSEPH FARRIS
Amerikanischer Karikaturist. The New Yorker, Barron's, The Harvard Business Review. Buchveröffentlichungen. © Agentur Schlück.

RENÉ FEHR
* 1945 in Zürich. Freischaffender Cartoonist ebenda. Das Magazin (Tagesanzeiger der Stadt Zürich), Focus u.a. Buchveröffentlichungen. Zahlreiche Ausstellungen und Preise.

ROBERT GERNHARDT
* 1937 in Reval. Maler, Lyriker, Essayist, Journalist, Satirezeichner in Frankfurt/M. Kinderbücher, Hörspiele, Fernsehen. Mitbegründer der Satirezeitschriften pardon und Titanic sowie der Neuen Frankfurter Schule.

KURT GOETZ
* 1937. Hauptberuflich Lehrer für klassische Gitarre. Als Cartoonist Autodidakt. Seit 1967 gelegentliche Veröffentlichungen in verschiedenen Zeitungen und Zeitschriften im In- und Ausland. Einzel- und Gruppenausstellungen.

GROSJEAN
Aus der humoristisch-satirischen Schweizer Zeitschrift Nebelspalter.

MICHAEL HEATH
* 1935 in London. Cartoonist ebenda. Punch, The Spectator, The Independent, Private Eye. © Punch Publication Ltd.

ERNST HÜRLIMANN
* 1921 in Weiler. Architekt in München. Süddeutsche Zeitung. Illustrierte 200 Bücher; 9 eigene Bücher. Mitarbeiter des Bayerischen Fernsehens mit 250 Zeichenglossen. Diverse Ausstellungen.

HEINZ JANKOFSKY
* 1935 in Berlin. Freischaffender Pressezeichner ebenda. Eulenspiegel, Wochenpost, Berliner Zeitung, Sächsische Zeitung u.a. Buchveröffentlichungen.

ULRICH KIESER
* 1955 in Freiburg. Kunsterzieher und Cartoonist in Freiburg und Tuttlingen. Frankfurter Rundschau, Rheinische Post u.a. Zeitungen.

WERNER KOCH
* 1939 in Plauen. Cartoonist in Nürnberg. Mehrere in- und ausländische Blätter, Cartoon-Sammelbände und Buchveröffentlichungen. Teilnahme an internationalen Ausstellungen.

EDWARD LEPPER
* in Springfield/Massachusetts. Freiberuflicher Cartoonist. © ALI Press

ERIK LIEBERMANN
* 1942 in München. Cartoonist bei Murnau/Oberbayern. Süddeutsche Zeitung, Frankfurter Rundschau, Schwäbische Zeitung, ADAC-Motorwelt, w & v werben und verkaufen, Rheinische Post, Deutsches Allgemeines Sonntagsblatt u.a. Zahlreiche Buchveröffentlichungen.

MANFRED B. LIMMROTH
* 1928 in Kassel. Karikaturist, Bühnenbildner und Buchgrafiker in Hamburg. Die Zeit, Stern, Börsenblatt, Capital u.a. Autor von 24 Büchern.

REINHOLD LÖFFLER
* 1941 im Sudetenland. Cartoonist in Dinkelsbühl. Seit 1979 selbständiger Zeichner. Veröffentlicht in zahlreichen Zeitungen, (Fach)-Zeitschriften und Illustrierten im In- und Ausland. Einige Buchveröffentlichungen.

MOSE
* 1917. Cartoonist, Buchillustrator, Trickfilmer. Buchveröffentlichungen, Ausstellungen.

LUIS MARIAN MURSCHETZ
* 1936 Wöllan/Velenje, Untersteiermark. Karikaturist in München. Die Zeit, Süddeutsche Zeitung. Illustrationen und Texte für (Kinder)-Bücher, Grafikbände, Karikaturenbücher.

PAPAN (Manfred von Papen)
* 1943 in Hamburg. Illustrator und satirischer Zeichner in Köln. Stern u.a. Verschiedene Buchveröffentlichungen.

VIRGIL PARTCH
* 1916 auf den Pribilof-Inseln/Alaska. © ALI Press.

PUTZOLU
© ALI Press

QUINO (Joaquin Salvador Lavado)
* 1932 in Mendoza/Argentinien. Cartoonist in Mailand. Seit 1970 erscheinen seine Zeichnungen in der internationalen Presse. Buchveröffentlichungen. © 1993 Quipos/Distr. Bulls.

LÉON VAN ROEY
* 1921 in Antwerpen. Cartoonist, Illustrator, Bühnenbildner in Kopenhagen. Entwarf auch Briefmarken für die belgische Post. © Kunstkonzern Werner Lüning.

HARALD ROLF SATTLER
* 1939 in Wien. Haßt seinen Beruf als Zeichner und ist viel lieber nebenberuflicher Pferdezüchter in Niederbayern.

JIRI SLIVA
* 1947 in Plzen (Pilsen). Seit 1979 freischaffender Karikaturist und Illustrator in Prag. Zahlreiche Buchillustrationen, Autor 7 eigener Bände. Preise auf verschiedenen Festivals des gezeichneten Humors. Widmet sich auch der Farblithographie.

SMILBY (Francis Wilford-Smith)
* 1927 in Rugby/Warwickshire. Cartoonist in Bosbury/Herefordshire. Zahlreiche Zeitungen und Zeitschriften weltweit.

JULES STAUBER
* 1920 in Clarens bei Montreux. Seit 1948 freiberuflich tätig für viele Zeitungen, Zeitschriften und Werbeagenturen. Lebt in Schwaig bei Nürnberg. Deutsches Allgemeines Sonntagsblatt, Hannoversche Allgemeine Zeitung, Frankfurter Allgemeine Zeitung, Rheinischer Merkur, Nürnberger Nachrichten, Nürnberger Zeitung, Nebelspalter, Ärztliche Praxis, Publik Forum. Eigene Buchveröffentlichungen, Illustrationen. Ausstellungen, auch international.

MANUEL SUMMERS
* 1932 in Madrid. Freischaffender Künstler ebenda. La Cordoniz. © Schneider-Henn.

ALFRED TAUBENBERGER
Cartoonist in Memmingen. Veröffentlichungen in England, Frankreich und Schweden, in Deutschland vor allem in der Süddeutschen Zeitung, Frankfurter Rundschau, HörZu, Freundin, Für Sie. Preisträger verschiedener Cartoon-Wettbewerbe.

JACEK WILK
* 1959 in Warschau. Karikaturist in Düsseldorf. Wirtschaftswoche, DM, Handelsblatt.

WOLFGANG WILLNAT
* 1940 in Berlin. Zeichner in Belau/Holsteinische Schweiz. 40 Bücher, 20 000 veröffentlichte Cartoons.